레벨업 일본어

시사편

임태균 · 이시윤 · 아이자와 유카 공저

신아사

머리말

시중에는 일본의 경제, 사회, 문화와 관련된 내용을 다루고 있는 일본어 독해 관련 교재가 많이 나와 있지만, 시사적인 내용의 독해문을 다루고 있는 교재는 거의 찾아보기 힘든 것이 사실입니다. '4차 산업혁명'이라고 하는 용어가 보통명사화 되어버린 요즘, 급변하는 일본 사회의 다양한 현실을 반영한 독해문을 통해 일본어를 학습하는 것은 일본어 능력 향상뿐 아니라 최신의 일본 사정 이해에도 도움이 된다는 점에서 큰 의미를 갖습니다.

레벨업 일본어 시리즈 <시사>편은 일본의 최신 뉴스를 통해서 중·고급 레벨의 문법과 어휘뿐 아니라 문장표현을 익히고 일본 경제, 사회, 문화 전반에 대한 폭넓은 지식을 쌓을 것을 목표로 하고 있습니다. 본 교재는 자판기 편의점이나 저가항공, 물류산업, 면세점, 할인잡화점, 모바일 페이 등 일상생활과 밀착된 내용과 더불어, AR·VR 콘텐츠, 하늘 나는 자동차, 얼굴인식 시스템 등 기술 혁신과 관련된 내용 등에 이르기까지 학습자들의 흥미를 유발하는 테마의 독해문으로 구성되어 있습니다.

이처럼 다양하고 흥미로운 테마의 독해문을 통해 일본의 사회와 경제, 문화 전반에 대한 이해를 돕고 <독해문제>코너를 마련함으로써 본문 내용을 확인할 수 있도록 하였습니다. 그리고 문형 및 표현 학습을 통해 문법에 대한 바른 이해와 일본어 활용 능력 향상을 노렸습니다. 또한 각 과의 마지막에 알아보기와 발표내용 정리 코너를 마련하여 실제 수업에서 학습자로 하여금 자기 주도적인 학습이 가능하도록 유도하였습니다.

아무쪼록 이 책으로 공부하는 여러분의 일본어 실력이 한 단계 '레벨 업'하여 중급 이상의 일본어 구사 능력을 갖추고 최신의 일본 사정을 이해하는 데 조금이나마 보탬이 될 수 있기를 바라 마지않습니다.

2019년 8월

레벨업 일본어 저자 일동

목 차

제1과 자판기 편의점

본문 1

ありそうでなかったホット販売専用の日本酒が、10月2日から全国のコンビニや駅の売店などで売り出される。25日、日本盛(兵庫県西宮市)が発表した。日本酒は温めると品質がどんどん落ちるが、同社が 新技術で克服。温かいお茶やコーヒーなどと一緒に燗酒が並ぶ ようになる。

日本酒は、時間が経つと酵母により「老香(ひねか)」というたくあんのようなにおいが出る。また、糖とアミノ酸が結合することで、味や香り、色が劣化してしまう。温めると加速度的ににおいの発生や劣化が進むため品質保持が難しく、業界では日本酒のホット販売は不可能と言われてきた。

だが、日本盛では5年前から研究を始め、老香のもととなる物質を作りづらい酵母を開発。糖の一部をアミノ酸と結合しにくいものに置き換えることで、温め続けても劣化しにくい日本酒づくりに成功した。コンビニのレジ横などにある加温器で販売するには、55~60度で２週間程度加温し続けられることが条件で、それをクリアしたという。そ が ひろしじょうむ

日本酒の消費量は年々減少傾向が続く。曽我浩 常務は「燗酒をもっと手軽に楽しめるようにして、日本酒の消費拡大につなげたい」と話した。今後、日本酒以外のお酒でもホットでの展開を検討する。

『朝日新聞デジタル』2017년 9월 25일

독해 문제

본문을 읽고 다음 질문에 답하세요.

1. 日本盛は新しい技術で何を克服しましたか。

2. 「老香」とは何か、説明しなさい。

3. 日本酒のホット販売の条件は何ですか。

새로 나온 단어

温める 데우다	燗酒 데운 술	酵母 효모	老香 숙성 향
アミノ酸 아미노산	結合する 결합하다	劣化する (품질이나 성능이)나빠지다	
加速度的 급속도로	品質保持 품질 유지	置き換える 바꿔놓다	
レジ横 계산대 옆	加温器 가온기	消費量 소비량	

본문 2

コンビニ大手が、自動販売機を使った「自販機コンビニ」を増やしている。オフィスビルや学校など休日に営業するのが難しい場所で一定の利益を見込めるほか、各社が悩む人手不足への対策にもなるからだ。

自販機コンビニで先行するのは店舗数2位のファミリーマートだ。おにぎりやサンドイッチに加え、サラダ、デザートも扱う。全国1,600カ所に自販機2,100台を設置。うち半分がオフィスビルにあり、病院やホテル、高速道路のパーキングエリアにも置く。もともと2009年に買収した旧エーエム·ピーエム·ジャパンが1990年代に始めたもので、19年2月末には3千台に増やしたい考えだ。

最大手のセブン-イレブン·ジャパンも今夏、「セブン自販機」を都市部を中心に置き始めた。約1.7平方メートルのスペースに2台の機械を置き、常温からチルドまで四つの温度帯の商品を最大75種類そろえる。期限切れの商品は販売を中止する機能もある。今年度で100台設置する予定だ。

ローソンは、設置型コンビニ「プチローソン」に力を入れる。自販機ではないが、オフィスなどに棚を置き、お菓子や飲料を自分で取って、支払いはセルフレジで交通系電子マネーを使う。7月から都内で 導入し始めている。

『朝日新聞デジタル』 2017년 10월 3일

독해 문제

본문을 읽고 다음 질문에 답하세요.

1. コンビニ大手が「自販機コンビニ」を増やしている理由は何ですか。

2. コンビニ大手の中で一番規模が大きいのはどこですか。

3.「プチローソン」とはどんなタイプのコンビニか、説明しなさい。

새로 나온 단어

見込む 기대하다
先行する 선행하다, 앞서다
加える 덧붙이다, 더하다
扱う 다루다, 취급하다
パーキングエリア 주차장, 주차 구역
もともと 원래
買収する 매수하다
最大手 최대 대기업
今夏 올 여름
平方メートル 평방미터
常温 상온, 평상의 온도
チルド (chilled)0℃ 내외의 저온 냉장
そろえる 갖추다
期限切れ 기한이 지남
棚 선반
セルフレジ 셀프 계산대
交通系電子マネー 충전식 교통카드

문형 & 표현

1. ~ようになる　【接続】動詞＋ようになる

　【意味】状態が変化する。

· 最近、日本人の芸能人の名前が言えるようになった。

· 一人暮らしを始めたので、一人でごはんを食べるようになった。

· プールで300メートル泳げるようになったら、海に泳ぎに行きたい。

2. ~ほか　【接続】名詞＋のほか、動詞＋ほか

　【意味】それ以外にも。

· 社員旅行には、社長のほか、理事長も参加した。

· 申し込み書は、HPに掲載されているほか、窓口でももらえます。

· この事故で十数人が入院したほか、二人が死亡している。

3. ~に加え　【接続】名詞＋に加え

　【意味】今まであったものに類似の別のものが加わる。

· 台風が近づき、大雨に加えて風も強くなってきた。

· この洗濯機は洗濯に加えて乾燥もできます。

· 勉強に加えてアルバイトもあるので、留学生は大変だ。

새로 나온 단어

申し込み書 신청서　　類似 유사　　加わる 더해지다

연습문제

1. 次の漢字の読み方として正しいものを一つ選びなさい。

＜同社＞	1. とうしゃ	2. どうしゃ	3. どうさ	4. どしゃ
＜結合＞	1. けつこう	2. けつごう	3. けっこう	4. けっごう
＜市場＞	1. しじょ	2. しじょう	3. しちょ	4. しちょう
＜種類＞	1. しゅうるい	2. しゅうりゅう	3. しゅりゅう	4. しゅるい
＜導入＞	1. とうにゅう	2. どうにゅ	3. どうにゅう	4. どにゅう
＜中止＞	1. じゅうし	2. じゅし	3. ちゅうし	4. ちゅし

2. 次の言葉とその意味の組み合わせとして正しいものを線で結びなさい。

① 扱う ▪	▪ 手数がかからず、簡単な様子。
② 置き換える ▪	▪ ある物を業務の対象とする。
③ 手軽に ▪	▪ 必要なものを全部整える。残らず集める。
④ 見込む ▪	▪ 物を現在ある場所から他の場所に移し置く。
⑤ そろえる ▪	▪ あてにする。望みをかける。

3. 次の①~③から適当な言葉を選び、必要なら形を変えて空欄に書きなさい。

① 置き換える　② 見込む　③ 手軽に

1) 毎年約300万人がこれらの展望台を訪れると(　　　　　　)れている。

2) (　　　　　　)栄養のとれるおいしいお弁当の作り方をお教えします。

3) 相手の身になって自分と(　　　　　　)て考えることはとても大切なことだ。

새로 나온 단어

手数がかからず 힘들지 않고　整える 갖추다　望みをかける 희망을 걸다

알아보기

1. 일본 각 지역의 특색 있는 술을 하나 골라 조사해보자.

2. 일본의 특색 있는 자판기를 하나 골라 조사해보자.

조별 발표

① 발표자 이름

② 발표 테마

③ 발표 내용 정리

④ 발표를 들은 소감

MEMO

제2과 저가 항공사

본문 1

日本でLCC(格安航空会社)が生まれてから6年。本当にアジアで勝てるのか。

ANAホールディングス(HD)は3月22日、傘下のLCCで関西国際空港を拠点とするピーチ·アビエーションと、成田空港が拠点のバニラエアについて、2019年度末までに統合することを発表した。ピーチがバニラの事業を譲り受け、ブランドもピーチに一本化する方針だ。(中略)

「統合の検討はずっと前から続けていた。昨年ピーチを連結子会社化してから、その思いが強くなった。秋ごろに話をぶつけてみたら、皆で意気投合した」。ANAHDの片野坂真哉社長は統合発表の記者会見で、統合の経緯についてそう語った。

ピーチの井上慎一CEOも、その気持ちを強めていた。「海外のLCCが東京五輪に向けて盛り上がる需要を目指し、非常な勢いで日本へ乗り入れている。これからどうしますか、と秋ごろに片野坂社長に報告し、結集するのがベストということになった」。

『東洋経済オンライン』2018년 3월 25일

독해 문제

본문을 읽고 다음 질문에 답하세요.

1. バニラエアはどの空港を拠点とする航空会社ですか。

2. ANAホールディングスがピーチを連結子会社化したのはいつですか。

3. 海外のLCCが非常な勢いで日本へ乗り入れている理由は何ですか。

새로 나온 단어

格安航空会社 저가항공사　ローコストキャリア(Low-cost carrier, LCC)라고도 함

傘下 산하　拠点 거점　統合 통합

譲り受ける 물려받다, 양도받다　一本化 일원화　方針 방침

検討 검토　連結 연결　子会社 자회사

ぶつける 던지다, 맞부딪치다　意気投合 의기투합　経緯 경위

強める 강화하다/세게 하다　五輪 올림픽(마크)

盛り上がる (무드/여론이)고조되다　需要 수요

勢い 기세, 힘　乗り入れる (경계선을 넘어 안쪽으로) 들어가다

본문 2

国内初となる中長距離格安航空会社(LCC)が初手として打ち出した路線はアジアの2都市だった。8日に「ZIPAIR Tokyo(ジップエア·トーキョー)」という新社名を発表し、スタートを切った日本航空子会社のLCC。同社の西田真吾社長は記者会見で、まずは2020年の夏ダイヤで成田からバンコク、ソウルへと結ぶ航路を開設し、将来的に日本と北米を結ぶ太平洋路線などに挑戦する考えを示した。

ライバルとなる国内航空会社の社員は一様に「『中長距離』LCCじゃなかったっけ?」と苦笑いを浮かべた。中長距離LCCを標榜するジップエアなのに、なぜ就航先がアジア圏のバンコクとソウルなのだろうか。サービス開始に合わせて北米などの長距離路線に乗り出さないのには理由がある。

それは「ETOPS(イートップス)」という安全確保に向けた国際ルールの壁があるからだ。ジップエアが使用を予定するボーイング787のように2基のエンジンで動く飛行機は、飛行中に片方のエンジンが停止した場合に備えて、一定の時間内に緊急着陸できる空港がある航路でしか運航ができない。(中略)

白羽の矢を立てたのがバンコクとソウル。西田社長は「いずれも需要が大きく魅力的な路線。両路線を組み合わせて機材稼働率を高めたい」と意気込みを語る。

『日経ビジネス』2019년 3월 12일

독해 문제

본문을 읽고 다음 질문에 답하세요.

1. 中長距離LCCが初手として打ち出した路線を全部挙げなさい。

2. ライバルとなる国内航空会社の社員が苦笑いを浮かべた理由は何ですか。

3. 中長距離LCCがサービス開始に合わせて長距離路線に乗り出さない理由は何ですか。

새로 나온 단어

初手 첫수, 처음, 시작	打ち出す 명확하게 내세우다	
ダイヤ 항공편 운항계획	航路 항로	開設する 개설하다, 열다
一様に 똑같이, 한결같이	苦笑いを浮かべる 쓴웃음을 짓다	
標榜する 표방하다	就航先 취항처	乗り出す 나서다, 전진해나가다
安全確保 안전확보	片方 한쪽	停止する 정지하다
備える 갖추다	着陸する 착륙하다	近場 가까운 곳, 근처
白羽の矢を立てる (많은 것 중에서) 특별히 뽑다		いずれも 어느 것이나
組み合わせる 편성하다	稼働率 가동률	意気込み 기세, 의기, 패기

문형 & 표현

1. ~に向けて　【接続】名詞＋に向けて
　　　　　　　【意味】その方向を目指す。

· 私が将来に向けて考えていることをお話します。
· 来年の結婚式に向けて、10キロ減量するのが目標だ。
· 今回の会談は関係回復に向けての大きな一歩を示した。

2. ~に合わせて　【接続】名詞＋に合わせて、動詞＋のに合わせて
　　　　　　　　【意味】一致するようにする。

· 小さい子供がリズムに合わせて歌を歌っている。
· 来月の行事は、天候に合わせてプログラムを変更する予定だ。
· この服は、体型に合わせて伸び縮みするように作られている。

3. ~に乗り出す　【接続】名詞＋に加えて
　　　　　　　　【意味】新たにあることをし始める。

· 相次ぐテロ事件のために、政府は解決に乗り出した。
· 連敗続きのチームが、優秀な選手の獲得に乗り出した。
· 韓国が、米国と北朝鮮の仲裁に乗り出す可能性が報じられた。

새로 나온 단어

天候 날씨　　伸び縮みする 늘거나 줄어들다　　仲裁 중재

연습문제

1. 次の漢字の読み方として正しいものを一つ選びなさい。

＜統合＞	1. とうこう	2. とうご	3. とうごう	4. どうこう
＜検討＞	1. けんと	2. けんとう	3. げんとう	4. げんどう
＜需要＞	1. しゅうよう	2. しゅよう	3. じゅうよう	4. じゅよう
＜路線＞	1. ろうせん	2. ろせん	3. ろぜん	4. ろっせん
＜運航＞	1. うんこ	2. うんご	3. うんこう	4. うんごう
＜挑戦＞	1. ちょうせん	2. ちょせん	3. とうせん	4. とせん

2. 次の言葉とその意味の組み合わせとして正しいものを線で結びなさい。

① 一本化 ▪		▪ 積極的に何かしようとする気持ち。
② 盛り上がる ▪		▪ ばらばらになっているものを一つにまとめる。
③ 意気込み ▪		▪ 二つ以上のものを合わせてひとまとまりにする。
④ 打ち出す ▪		▪ 物事の勢いが高まってくる。
⑤ 組み合わせる ▪		▪ 主義主張や新しい考えなどを、はっきり示す。

3. 次の①~③から適当な言葉を選び、必要なら形を変えて空欄に書きなさい。

① 意気込み　② 打ち出す　③ 一本化

1) 借金の(　　　　　　　　)は、返済の負担を軽くするための方法である。

2) この政策には首相の強い(　　　　　　　　)が感じられる。

3) 中国が景気安定策を(　　　　　　　　)し、周辺国にも協力を求めてきた。

새로 나온 단어

借金 돈을 빌림　　返済 돈을 갚음

알아보기

1. 일본의 저가항공을 하나 골라 조사해보자.

2. 중장거리 저가항공의 특징에 대해 자세히 알아보자.

조별 발표

① 발표자 이름

② 발표 테마

③ 발표 내용 정리

④ 발표를 들은 소감

MEMO

제3과 AR · VR 콘텐츠

본문 1

スマホゲーム「ポケモンGO」を１カ月以上続けてプレーした労働者は心理的ストレスが減ったという調査結果を、東京大の川上憲人教授(精神保健学)らの研究グループがまとめた。英科学誌サイエンティフィック·リポーツで７日発表した。

日本に住む20代から70代の正規雇用の労働者2,530人について、ポケモンGO の国内配信が始まった2016年７月をはさんだ15年11月と16年12月の2回、心理的なストレスの程度をみる同じ検査を、ネットでしてもらった。その結果、16年12月時点で、ポケモンGOを１カ月以上続けてプレーしたことがあると答えた246人は心理的ストレスが１年前より減っていたが、残りの2,284人はほぼ横ばいだった。年齢や喫煙習慣などの影響を調整した上で比べて、統計的に明確な差があったという。

これまでポケモンGOは抑うつ状態や引きこもりなどの解消に効果があるという説はあったが、科学的根拠のある検証はなかったという。グループは、ポケモンGOのような拡張現実を利用したゲームが労働者の心の健康を改善する可能性を示したとしている。川上さんは「外出し、人との交流や身体活動量が増えることが改善の主な理由と考えられる」と話している。

『朝日新聞デジタル』2017년 9월 7일

독해 문제

본문을 읽고 다음 질문에 답하세요.

1. 今回の「ポケモンGO」に関する調査結果をまとめなさい。

2. これまでポケモンGOは何に役立つと言われていましたか。

3. ポケモンGOをプレーした労働者の心の健康が改善できた主な理由は何ですか。

새로 나온 단어

減る 줄다	まとめる 정리하다, 통합하다	正規 정규
雇用 고용	配信 전송(배포)	はさむ 사이에 두다
ほぼ 거의, 대략	横ばい 옆걸음, 보합상태	調整 조정
抑うつ 억울, 답답함	引きこもり 은둔형 외톨이	解消 해소
効果 효과	根拠 근거	検証 검증
拡張現実 확장현실	改善 개선	主な 주된

본문 2

千葉市で開催されたゲーム見本市「東京ゲームショウ」では、においや触感などを再現する技術が注目された。これまでの視覚や聴覚に加えることで、よりリアルな仮想現実(VR)体験が可能になるためだ。ゲーム以外の分野へも活用が広がりそうだ。

会場で目を引いたのが、ＩＴベンチャーのヴァクソー(米国)が手がけるにおいのVR機器。ラーメン店主を体験できるゲームでは、場面に合わせてラーメンやギョーザのにおいが漂う。恋人と自然の中を旅するゲームでは、草原や海辺のにおいがほのかに香る。

市販されているゴーグル型のVR端末に、同社の機器を取りつけて使う。機器には小さな穴があり、におい付きの液体が噴射されるしくみだ。ヴァクソーの川口健太郎社長は「人間は鼻から多くの情報を得ている。においで現実感はぐっと増す」。2018年春ごろの発売予定だが、化粧品の販促用でも依頼がある。

『朝日新聞デジタル』2017년 9월 25일

독해 문제

본문을 읽고 다음 질문에 답하세요.

1. 今回の「東京ゲームショウ」で注目された技術は何ですか。

2. 恋人と自然の中を旅するゲームでは、どんな体験ができますか。

3. ヴァクソーのにおいのVR機器のしくみについて説明しなさい。

새로 나온 단어

見本市 견본시장
視覚 시각
体験 체험
目を引く 눈길을 끌다
漂う 감돌다, 떠돌다
ほのかに 희미하게, 어렴풋이
端末 단말
液体 액체
ぐっと 한층, 훨씬

触感 촉감
聴覚 청각
分野 분야
手がける 손수(직접) 다루다, 보살피다
草原 초원
市販 시판
取りつける 달다, 장치(설비)하다
噴射 분사
増す 많아지다, 늘다

再現 재현
仮想現実 가상현실
活用 활용
海辺 바닷가
ゴーグル 고글
穴 구멍
しくみ 구조, 시스템
販促 판촉

문형 & 표현

1. ~をはさんだ　【接続】名詞＋をはさんだ＋名詞
【意味】ある物を間に置いて位置する。

· 駐車場は道路をはさんだ向かい側にある。
· この風景は、川をはさんだ対岸からしか見られません。
· 連休をはさんだ５日間、姫路、岡山、広島で取材の毎日だった。

2. ~た上で　【接続】動詞＋た上で
【意味】~をした後で、 それに基づいて次の動作をする。

· どの会社を選ぶか、先生とよく話し合った上で決めます。
· 面接をした上で、誰を採用するか決定します。
· 彼は危険を知った上で、親友を助けるために雪山に向かった。

3. ~付き　【接続】名詞＋付き
【意味】備わっていること。

· 朝食付きでこの値段ならかなり安いほうだ。
· 職務内容は、社長付きの秘書を担当してもらいます。
· たとえ条件付きの妥協策だとしても、何も決めないよりはましだ。

새로 나온 단어

対岸 건너편 강가	ましだ 낫다

연습문제

1. 次の漢字の読み方として正しいものを一つ選びなさい。

＜雇用＞	1. こうよう	2. こよう	3. ごうよう	4. ごよう
＜習慣＞	1. しゅうかん	2. しゅかん	3. しゅこん	4. じゅかん
＜理由＞	1. りいゆう	2. りゆ	3. りゆう	4. りよう
＜恋人＞	1. こいひと	2. こいびと	3. こひひと	4. こひびと
＜体験＞	1. たいけん	2. たいげん	3. だいけん	4. ていけん
＜依頼＞	1. いらい	2. いらいい	3. いらゆ	4. いろう

2. 次の言葉とその意味の組み合わせとして正しいものを線で結びなさい。

① 横ばい ▪	▪ みずからその物事を扱う。
② 抑うつ ▪	▪ 人の注意を向けさせる。
③ 目を引く ▪	▪ 香り·雰囲気などが感じられる。
④ 手がける ▪	▪ 気持ちが沈んで晴れ晴れしないこと。
⑤ 漂う ▪	▪ 物価·売り上げなどの上下の変動の少ないこと。

3. 次の①~③から適当な言葉を選び、必要なら形を変えて空欄に書きなさい。

① 手がける　② 目を引く　③ 漂う

1) 合唱団員の中に白髪のおばあさんがいて人の(　　　　　　　)ていた。

2) この村は近くに古い神社があり、独特な雰囲気が(　　　　　　　)ている。

3) 彼の家は、住宅の建築も(　　　　　　　)ている有名な家具屋さんだ。

새로 나온 단어

晴れ晴れしない 울적하다　白髪 흰머리　独特な 독특한
家具屋さん 가구점

알아보기

1. 포켓몬 고 게임에 등장하는 캐릭터를 2개 이상 찾아 일본어 이름과 특징에 대해 조사해보자.

2. 포켓몬 고 이외의 일본 스마트폰 게임을 하나 골라 조사해보자.

조별 발표

① 발표자 이름

② 발표 테마

③ 발표 내용 정리

④발표를 들은 소감

MEMO

제4과 하늘 나는 자동차 · 하늘 나는 오토바이

본문 1

九州大は25日、超伝導技術を用いたモーターや制御システムを開発し、電動飛行機や「空飛ぶクルマ」の実用化を目指す「先進電気推進飛行体研究センター」の開所式を、福岡市西区の伊都キャンパスで開いた。

特定の金属を超低温まで冷やすと電気抵抗ゼロの超伝導状態となり、高容量の電流を流すことで強い磁界を発生させられる。超伝導モーターは高出力で小型化、軽量化が可能という。

地球温暖化への懸念から、航空機の二酸化炭素(CO2)排出量の削減が求められており、現行のジェットエンジンに代わって超伝導モーターの活用が期待される。九大は1960年代から超伝導の研究を始め、世界最高レベルの技術を持っているという。

センターは今月1日に開設。今後5年間、産学官で連携して次世代電動航空機の開発を進め、2031年以降の市場投入を目指し、必要な技術を実証する。センター長を務める岩熊成卓教授(超伝導工学)は「世界の航空機メーカーが九大の技術に注目している。社会システムの変革につなげたい」と語った。

『西日本新聞社』2019년 4월 26일

독해 문제

본문을 읽고 다음 질문에 답하세요.

1. 超伝導技術を用いたモーターや制御システムとは何か、説明しなさい。

2. 航空機の二酸化炭素排出量の削減が求められている理由は何ですか。

3. 九州大はいつから超伝導の研究を始めましたか。

새로 나온 단어

超伝導 초전도	用いる 이용하다	制御システム 제어시스템
実用化 실용화	先進 선진	推進 추진
飛行体 비행체	開所式 개소식	金属 금속
冷やす 식히다	電気抵抗 전기저항	高容量 고용량
磁界 자기장	小型化 소형화	軽量化 경량화
地球温暖化 지구온난화	懸念 걱정, 염려	二酸化炭素 이산화탄소
排出量 배출량	削減 삭감	現行 현행
~に代わって ~을 대신하여		産学官 산학관
連携する 연계하다	実証する 실증하다	変革 변혁

본문 2

小型無人機ドローンなどを開発するベンチャー企業A.L.I.テクノロジーズ(東京)は、地上から浮いて移動するバイク型の乗り物「ホバーバイク」を、2022年に本格販売する。砂漠など荒れ地での移動に適しており、道路が整備されていないアフリカや中東、アジアといった新興国に売り込む。小松周平会長が24日までに時事通信の取材に対し、明らかにした。

世界各国では「空飛ぶ車」の開発が活発化しており、同社も参入を目指している。小松氏は「(空飛ぶ車を)社会に浸透させるため、第1弾でバイクをつくる」と説明した。

ホバーバイクは、プロペラの力で地上数十センチに浮上。ドローンがセンサーで障害物を回避する技術を応用し、一定の高さを保つ。小松氏は「ホバーバイクはドローンの技術の集合体だ」と実用化に自信を示した。

限定販売モデルの開発を進めており、5月中にも予約受け付けを開始。20年後半に実際に売り出す。小松氏は量販モデルについて、「22年には顧客に引き渡したい」と語り、「価格は軽自動車くらいになる」との見通しを示した。量販モデルは、日本国内で公道を走行可能にすることも目指している。

『時事ドットコム』2019년 3월 25일

독해 문제

본문을 읽고 다음 질문에 답하세요.

1. ホバーバイクは何に適していますか。

2. ホバーバイクはどうやって地上に浮上しますか。

3. ホバーバイクが地上に浮上したまま、一定の高さを保てる理由は何ですか。

새로 나온 단어

無人機 무인기	ドローン 드론	テクノロジーズ 테크놀로지
移動する 이동하다	砂漠 사막	荒れ地 황무지
適する 적합하다	整備 정비	新興国 신흥국
売り込む 팔다, 사게 하다	参入 방문, 참가함	浸透 침투
浮上 부상	障害物 장애물	回避する 회피하다
応用する 응용하다	保つ 유지하다	集合体 집합체
受け付け 접수	売り出す 발매하다	量販 대량판매
顧客 고객	引き渡す 인도하다, 넘겨주다	
軽自動車 경차	見通し 전망	公道 공공도로
走行 주행		

문형 & 표현

1. ~に代わって　【接続】名詞＋に代わって

【意味】~ではなく

· 本日は学長に代わって、私、佐藤がご挨拶を申し上げます。

· 忙しい母親に代わって彼女が家事をこなしている。

· このプロジェクトは彼に代わって私が担当することになった。

2. ~といった　【接続】名詞＋といった＋名詞

【意味】~などの

·私の兄には絵画や音楽といった芸術的な才能がある。

·日本にはセブンイレブン、ファミリーマートといったコンビニがある。

·子どもの間ではスイミングや英会話といった習い事が人気である。

3. ~に対して　【接続】名詞＋に対して

【意味】動作や感情が向けられる相手や対象を表す。

· 成績が一番の人に対して奨学金が出る。

· 彼は彼女に対して急に冷たくなった。

· 政府の不正に対して国民は多くの不満を持っている。

새로 나온 단어

ご挨拶を申し上げます 인사를 드립니다　奨学金 장학금　不満 불만

연습문제

1. 次の漢字の読み方として正しいものを一つ選びなさい。

＜制御＞	1. せいきょ	2. せいぎょ	3. せいぎょう	4. せいご
＜電流＞	1. てんりゅ	2. てんりゅう	3. でんりゅ	4. でんりゅう
＜技術＞	1. きしゅつ	2. きじゅつ	3. ぎしゅつ	4. ぎじゅつ
＜移動＞	1. いと	2. いとう	3. いど	4. いどう
＜予約＞	1. ようやく	2. ようやぐ	3. よやく	4. よやぐ
＜顧客＞	1. こうきゃく	2. こきゃく	3. こぎゃく	4. ごきゃく

2. 次の言葉とその意味の組み合わせとして正しいものを線で結びなさい。

① 懸念 ▪	▪ 市場などに新たに加わること。
② 目指す ▪	▪ 同一規格の商品を安くして大量に売ること。
③ 荒れ地 ▪	▪ 気にかかって不安に思うこと。
④ 参入 ▪	▪ 到達·達成の目標とする。
⑤ 量販 ▪	▪ 岩石などが多く耕作に適しない土地。

3. 次の①~③から適当な言葉を選び、必要なら形を変えて空欄に書きなさい。

① 目指す　② 参入する　③ 懸念する

1) 最近の経済事情から、景気後退を(　　　　　　　　　　)声は強い。

2) 午前12時に山小屋を出発して、山頂を(　　　　　　　　　　)。

3) 様々な企業がこの新しい市場に(　　　　　　　　　　)ている。

새로 나온 단어

新たに 새롭게　岩石 암석　耕作 경작　景気後退 경기후퇴

알아보기

1. 하늘을 나는 자동차에 대해 자세히 알아보자.

2. 드론으로 할 수 있는 일에 관하여 조사해 보자.

조별 발표

① 발표자 이름

② 발표 테마

③ 발표 내용 정리

④ 발표를 들은 소감

MEMO

제5과 택배산업

본문 1

日本郵便は、宅配便「ゆうパック」で、受取人が不在時、玄関前や車庫などあらかじめ指定した場所に荷物を置いておく「指定場所配達サービス」(置き配)を3月18日に始める。配送予定をメールやLINEで知らせる「e受取アシスト」も同日にスタートする。

置き配の指定場所は、玄関前、車庫、宅配ボックス、郵便受け、メーターボックス、物置から選べる。

e受取アシストはメールとLINEに対応。「ゆうびんID」を事前登録すれば、メールで配送予定や不在連絡を受け取ったり、URLから受取日時·場所の変更や、再配達申し込みができる。

LINEでの通知受け取りは、事前登録不要。ゆうパックの宛名ラベルに記載された電話番号とLINEに登録されている電話番号が一致した受取人に、LINEメッセージで配送予定を通知する。LINEの通知は、メッセージ送信に同意した企業からの荷物に限って届く仕様だ。

『ITmedia NEWS』 2019년 3월 12일

독해 문제

본문을 읽고 다음 질문에 답하세요.

1. 「指定場所配達サービス」とは何ですか。

2. 置き配の指定場所の例を挙げなさい。

3. LINEでの通知受け取りの仕組みについて説明しなさい。

새로 나온 단어

宅配便 택배	取人 수취인	車庫 차고
あらかじめ 사전에, 미리	指定 지정	
置き配 부재중 택배 수령 서비스		配送 배송
宅配ボックス 택배 보관함	郵便受け 우편함	
メーターボックス 검침함	物置 창고	対応 대응
登録 등록	申し込み 신청	通知 통지
宛名ラベル 수취인 라벨	一致する 일치하다	同意する 동의하다
届く 닿다, 도착하다	仕様 방법	

본문 2

宅配便最大手のヤマト運輸とIT大手のDeNA(ディーエヌエー)は24日、ロッカー式の保管ボックスを積んだ車を自動運転で走らせ、自宅や職場の玄関先などで荷物を渡す実証実験「ロボネコヤマト」の様子を公開した。昨春から神奈川県藤沢市で続けている。

この日はまず、市内のヤマトの営業所で集荷した実験用のワゴン車が、運転手のハンドル操作なしで公道を6キロ走った。その後、一般車両を通行止めにした住宅街の生活道路に入ると、運転席に誰も座らない「ドライバーレス」のまま、時速10キロほどでゆっくり前進。路肩に自動で停止し、車両側面のドアも自動で開いた。

荷物を取りに出てきた客は、ヤマトから事前にスマートフォンに届いた受け取り用のQRコードをロッカーのセンサーに感知させ、荷物を受け取った。

ロボネコヤマトでは、荷物の配達前に、客がスマホやパソコン経由で受け取りを希望する時間と場所を入力。昨年4月から実験を続けていて、一日当たり20~50件の利用があったという。客が受け取らなかった「不在率」は0.53%と極めて低かった。客へのアンケートでも「好きな時間や場所で受け取れる」「誰ともやり取りせず荷物が受け取れる」と好評で、約半数が繰り返し使うという。

『朝日新聞デジタル』2018년 4월 24일

독해 문제

본문을 읽고 다음 질문에 답하세요.

1. 「ロボネコヤマト」の実証実験(じっしょうじっけん)に参加(さんか)した企業(きぎょう)の名前(なまえ)を挙(あ)げなさい。

2. 荷物(にもつ)を受(う)け取(と)るにはロッカーのセンサーに何(なに)を当(あ)てなければなりませんか。

3. 客(きゃく)が受(う)け取(と)らなかった「不在率(ふざいりつ)」は何(なん)パーセントでしたか。

새로 나온 단어

運輸(うんゆ) 운수, 수송	ロッカー式(しき) 로커식	保管(ほかん)ボックス 보관함
積(つ)む 쌓다	玄関先(げんかんさき) 현관	実証(じっしょう) 실증
様子(ようす) 모습, 모양	昨春(さくしゅん) 지난 봄	営業所(えいぎょうしょ) 영업소
集荷(しゅうか)する 집하하다	ワゴン車(しゃ) 승합차, 봉고차	通行止(つうこうど)め 통행금지
路肩(ろかた) 갓길	感知(かんち)する 감지하다, 알아차리다	経由(けいゆ) 경유
~当(あ)たり ~당	極(きわ)めて 지극히, 더없이	やり取(と)り 주고받음, 교환함
好評(こうひょう) 호평	繰(く)り返(かえ)す 되풀이하다, 반복하다	

문형 & 표현

1. ~に限って　【接続】名詞＋に限って

　　【意味】~だけ特別に

・朝8時までにご来店の方に限って、コーヒーのサービスがあります。

・欠席は、公文を提出した者に限って、出席と認められる。

・この駅では、朝の通勤時間帯に限って、禁煙タイムになっている。

2. ~まま　【接続】名詞＋のまま、 動詞＋たまま

　　【意味】ある状態が保たれている状況で、 次の行動がなされる。

・時間がないから、学校の後、制服のままバイトに行く。

・友達にマンガを借りたまま、一年以上返していない。

・コンタクトレンズをつけたまま寝るのは、目に良くない。

3. ~当たり　【接続】名詞＋当たり

　　【意味】~に対して

・この車の燃費は１リッター当たり20キロです。

・今回のチケットは一人当たり3枚まで購入可能だ。

・たばこ１箱当たりの税金はいくらぐらいだろうか。

새로 나온 단어

禁煙 금연　借りる 빌리다　返す 돌려주다　購入 구입

연습문제

1. 次の漢字の読み方として正しいものを一つ選びなさい。

＜宅配便＞ 1. たくはいびん 2. たくばいびん 3. だくはいびん 4. だくばいびん

＜不在時＞ 1. ふさいじ 2. ふざいじ 3. ぶざいじ 4. ぶざいどき

＜受取人＞ 1. うけとりにん 2. うけとりじん 3. うけどりにん 4. うけどりじん

＜運輸＞ 1. うんす 2. うんすう 3. うんゆ 4. うんゆう

＜感知＞ 1. かんし 2. かんじ 3. かんち 4. かんぢ

＜荷物＞ 1. かぶつ 2. かもの 3. にもつ 4. にもの

2. 次の言葉とその意味の組み合わせとして正しいものを線で結びなさい。

① あらかじめ ▪	▪ 物や言葉を交わすこと。
② 宛名 ▪	▪ 物事の始まる前に、ある事をしておく。
③ 物置 ▪	▪ 同じことを何度もする。
④ 繰り返す ▪	▪ 当面必要としない物を入れておく小屋。
⑤ やり取り ▪	▪ 手紙や書類などに書く、相手の氏名。

3. 次の①~③から適当な言葉を選び、必要なら形を変えて空欄に書きなさい。

① やり取り　② あらかじめ　③ 繰り返す

1) 明日の会議のために、(　　　　　　　　　　)プリントのコピーをしておく。

2) このようなことを(　　　　　　　　　　)ないように、以後気をつけます。

3) 彼とは往来もしなくなって、最近は年賀状の(　　　　　　　　　　)ぐらいだ。

새로 나온 단어

交わす 주고받다　　物事 사물　　小屋 창고

気をつけます 조심하겠습니다

알아보기

1. 우리나라 택배업의 문제점을 알아보자.

2. 일본의 택배업체를 하나 골라 조사해보자.

조별 발표

① 발표자 이름

② 발표 테마

③ 발표 내용 정리

④ 발표를 들은 소감

MEMO

제6과 물류기업

본문 1

インターネット通販の拡大が続く中国市場に、日本の物流スタートアップ企業が進出している。物流サービスのオープンロジ(東京·豊島)は中小インターネット通販事業者との商談会に参加し始めた。2年後をめどに混載貨物事業者(フォワーダー)や倉庫会社との提携を狙っている。

オープンロジは提携する倉庫会社の空きスペースを活用して入庫、保管、発送サービスを低価格で提供する。オンライン上で簡単に発注でき、通販事業者の利用が広がっている。中国でも提携先をつくり、荷主にあたる中小通販者を紹介してもらい、日本へ輸出する際の物流を請け負う。

日本の得意なロボットで攻めるのが制御システムのMUJIN(同·墨田)だ。3月、広州に子会社を設けた。顧客開拓やシステム導入企業のサポートを担う。ネット通販大手、京東集団の物流施設などで採用された実績がある。人件費上昇に商機を見いだす。

荷さばきロボット開発のキョウトロボティクス(滋賀県草津市)は、中国ベンチャーキャピタルと近く合弁会社を設立する。中期的に日中で1万台の販売を目指す。

『日本経済新聞』2019년 5월 6일

독해 문제

본문을 읽고 다음 질문에 답하세요.

1. オープンロジはどうして入庫、保管、発送サービスを低価格で提供できますか。

2. 制御システムのMUJINは中国のどこに子会社を設けましたか。

3. MUJINの実績を挙げなさい。

새로 나온 단어

インターネット通販 인터넷 쇼핑	商談会 상담회	~をめどに ~을 목표로
混載 혼재	貨物 화물	フォワーダー 포워더
提携 제휴	狙う 노리다, 겨냥하다	入庫 입고
発注する 발주하다	荷主 하주	
~にあたる ~에 해당하다	際 때	請け負う 청부 맡다
制御 제어	設ける 마련하다, 설치하다	攻める 공격하다
開拓 개척	担う 담당하다	採用する 채용하다
人件費 인건비	上昇 상승	
商機 상업 거래상의 기회, 상기	近く 머지않아	合弁会社 합자회사
見いだす 찾아내다	荷さばき 짐 처리, 입하 물건 매각	
ベンチャーキャピタル 벤처 캐피털(벤처 비즈니스 투자자본)		

본문 2

ファミリーマートとパナソニックは2日、IoT(モノのインターネット)技術を取り入れた「次世代型コンビニエンスストア」の実証実験店舗を開設し、報道関係者に公開した。無人レジなどのほか、物流面ではスマートフォン(スマホ)アプリで注文を受け付けた弁当を配達。サプライチェーン(供給網)に関するプラットフォームも構築する。人手不足が深刻化する中、先進技術を使って省人化と新たなサービスにつなげる。

実験店舗は、ファミリーマート佐江戸店(横浜市都筑区)で、同日から営業を始めた。近くにはパナソニックグループの工場がある。(中略)

パナソニックのIoT技術を活用し、顔認証によるキャッシュレス自動決済、欠品·店内混雑状況の把握、外国人対応などを行い、店内業務の省人化·効率化を検証する。また、スマホアプリで注文を受けた昼食用の弁当を配達するサービスの実証実験も行う。午前10時まで注文を受け付け、店員が店内の弁当をピッキングし、手動のカートでランチタイムに指定場所へ届ける。

実験では、配達エリアを同店近くのパナソニックグループの工場、取扱商品を弁当15アイテムのみに限定するが、実験の結果次第で他のエリア·商品への拡大も視野に入れる。

『物流ニッポン』2019년 4월 9일

독해 문제

본문을 읽고 다음 질문에 답하세요.

1. 「次世代型コンビニエンスストア」に取り入れられたIoT技術について説明しなさい。

2. ファミリーマートとパナソニックは人手不足を 解消するための対策として何を目指していますか。

3. キャッシュレス自動決済に用いられたIoT技術は何ですか。

새로 나온 단어

取り入れる 도입하다, 받아들이다	店舗 점포	開設する 개설하다
無人レジ 무인 계산대	アプリ 앱, 어플	供給網 공급망
プラットフォーム 플랫폼	構築する 구축하다	深刻化 심각화
省人化 인력 감축	顔認証 얼굴 인식	
キャッシュレス 무현금 거래	決済 결제	欠品 결함 상품
把握 파악	効率化 효율화	検証する 검증하다
昼 食 점심	ピッキング 피킹	~のみ ~뿐, ~만
視野に入れる 시야에 넣다		

문형 & 표현

1. ~をめどに　【接続】名詞+~をめどに

【意味】~を目安に

· この仕事は今週をめどに仕上げてください。

· 金曜日をめどにメールでお返事いたします。

· 委員会では３年後をめどに検討を進めている。

2. ~にあたる　【接続】名詞+にあたる

【意味】~に該当する

· 拓哉さんは私の叔父にあたる人で、高校の教師をしている。

· あなたの実家にあたる場所の住所を記入してください。

· 飛行機には危険物にあたる物を持ち込むことはできない。

3. ~による　【接続】名詞+による

【意味】手段や方法

· バスによる移動は便利だが時間がかかる。

· スマホの普及で、前方不注意による追突事故が多発している。

· この問題は武力ではなく、話し合いによる解決が必要だ。

새로 나온 단어

お返事いたします 답변하겠습니다　危険物 위험물　持ち込む 반입하다
普及 보급

연습문제

1. 次(つぎ)の漢字(かんじ)の読(よ)み方(かた)として正(ただ)しいものを一(ひと)つ選(えら)びなさい。

＜拡大＞	1. かくたい	2. かくだい	3. こうたい	4. こうだい
＜事業者＞	1. しぎょうしゃ	2. しぎょうじゃ	3. じぎょうしゃ	4. じぎょうじゃ
＜輸出＞	1. ゆうしゅつ	2. ゆうじゅつ	3. ゆしゅつ	4. ゆじゅつ
＜技術＞	1. きしゅつ	2. きじゅつ	3. ぎしゅつ	4. ぎじゅつ
＜構築＞	1. こうちく	2. こうちょく	3. こちく	4. ごちく
＜営業＞	1. えいきょ	2. えいきょう	3. えいぎょ	4. えいぎょう

2. 次(つぎ)の言葉(ことば)とその意味(いみ)の組(く)み合(あ)わせとして正(ただ)しいものを線(せん)で結(むす)びなさい。

① 子会社(こがいしゃ) ▪	▪ 人(ひと)の労働(ろうどう)に対(たい)して支払(しはら)われる費用(ひよう)。
② 人件費(じんけんひ) ▪	▪ 親会社(おやがいしゃ)に従属(じゅうぞく)し、その支配(しはい)を受(う)ける会社(かいしゃ)。
③ 省人化(しょうじんか) ▪	▪ しっかりと理解(りかい)すること。
④ 欠品(けっぴん) ▪	▪ 労働人員(ろうどうじんいん)を作業(さぎょう)の改善(かいぜん)などによって削減(さくげん)する。
⑤ 把握(はあく) ▪	▪ ある商品(しょうひん)の在庫(ざいこ)がないこと。

3. 次の①~③から適当な言葉を選び、必要なら形を変えて空欄に書きなさい。

① 把握する　② 省人化　③ 人件費

1) (　　　　　　　　　　)は、企業活動において重要な経費の一つだ。

2) ユニクロは(　　　　　　　　　　)の一環として、自動倉庫を導入した。

3) このアンケートは、顧客の満足度を(　　　　　　　　　　)ために実施された。

새로 나온 단어

支払われる 지불되다　従属する 종속되다　削減 삭감
一環として 일환으로

알아보기

1. 일본의 물류업체를 하나 선택하여 조사해보자.

2. IoT기술이 실생활에서 어떻게 쓰이고 있는지 조사해보자.

조별 발표

① 발표자 이름

② 발표 테마

③ 발표 내용 정리

④ 발표를 들은 소감

MEMO

제7과 유니클로 · 무인양품

본문 1

英国のブランドファイナンス社が、ブランド価値を数値化したランキング「ブランド ファイナンス ジャパン 100 2019(Brand Finance Japan 100 2019)」を発表した。「ユニクロ(UNIQLO)」は12位で、昨年発表された「ブランド ファイナンス ジャパン 50 2018(Brand Finance Japan 50 2018)」に引き続き、アパレル業界唯一のランクインとなった。

ユニクロのブランド価値は約1兆3000億円で、前年比45.8%増。昨年の18位から順位を大幅に引き上げ、ブランド価値の上昇率としては1位を記録した。

このほか化粧品業界からは「SHISEIDO」(31位)と、「SK-II」(89位)がランクイン。資生堂は製品のイノベーションとグローバルな成長戦略が貢献してブランド価値を5830億円(昨年比22.5%増)に伸長した。特に中国事業では最適な製品ラインナップとマーケティングのローカライズが成功し、存在感を増している。同社CEOの魚谷雅彦氏がEMEA(＝Europe Middle-East, Africa)と米国事業の強化を発表したことから、ブランドファイナンス社は「近い将来には一定の成果が期待できるであろう」と予測している。

『FASHIONSNAP.COM』 2019년 5월 28일

독해 문제

본문을 읽고 다음 질문에 답하세요.

1. 今回の調査結果で、 100位内にランクインした日本の企業の名前を全部挙げなさい。

2. ユニクロはブランド価値の上昇率で何位を記録しましたか。

3. 資生堂は中国事業で何に成功しましたか。

새로 나온 단어

数値化 수치화	~に引き続き ~에 이어서	アパレル 의류
唯一 유일	ランクイン 랭크 인	大幅に 큰 폭으로
引き上げる 끌어올리다	上昇率 상승률	戦略 전략
貢献する 공헌하다	伸長する 늘리다	最適な 최적의
ローカライズ 현지화	予測する 예측하다	

본문 2

良品計画は4日、東京·銀座にホテルを開業する。同社が運営する生活雑貨店「無印良品」に併設したホテルで、実際に販売するカップなどの備品を使ったことが特徴。同社として日本では初めてのホテルの開業となる。宿泊しやすい価格設定にして訪日外国人やビジネス客などにブランドを発信する。(中略)

1980年代、西友のプライベートブランド(PB)として始まった「無印」だが、ホテルの開業は創業当時からの長年の構想だった。当時に比べてホテルでの宿泊が特別な体験ではなくなってきたことから、日本でも開業できると判断した。松崎暁社長は「海外旅行も低価格化し日常的になっている。日常の延長のようにくつろげるホテルにしたい」と意気込む。

ホテルの下にある店舗では青果の販売や弁当の宅配サービスなども充実。ホテルの宿泊客に加え、近隣のビジネス客が「スーパー」のように日常生活に欠かせない施設として利用してもらう。無印は衣料品と雑貨が大半を占めており、ホテルと食品を新たな収益源に育てる。施設全体で年間230万人の来店を目指す。

『日本経済新聞』2019년 4월 2일

독해 문제

본문을 읽고 다음 질문에 답하세요.

1. 良品計画が東京·銀座に開業したホテルを展開する上でターゲットとしている顧客層はどこですか。

2. 今回開業したホテルの大きな特徴は何ですか。

3. 良品計画が運営する無印 良品で主に取り扱っている商品は何ですか。

새로 나온 단어

- 雑貨店 잡화점
- 併設する 병설하다
- 備品 비품
- 発信する 발신하다
- 構想 구상
- 判断する 판단하다
- 日常的 일상적
- くつろぐ 편히 쉬다, 휴식하다
- 意気込む 힘을 주다, 힘주어 말하다
- 青果 과일과 채소
- 近隣 가까운 이웃
- ~に欠かせない ~에 빼놓을 수 없는
- 施設 시설
- 衣料品 의료품
- 大半 태반, 대부분
- 収益源 수익원
- 来店 가게에 옴

문형 & 표현

1. ~に引き続き　【接続】名詞＋に引き続き

【意味】~に続いて

· 今日も昨日に引き続き暑い日となるでしょう。
· その展覧会は昨年に引き続き今年も開催された。
· アニメに引き続き映画もランキング１位になった。

2. ~に比べて　【接続】名詞＋に比べて

【意味】二つ以上のものを並べて、比較する。

· 以前に比べて、彼の日本語は上手になった。
· 本が好きな姉に比べて、妹は活動的で、スポーツが得意だ。
· 喫煙者は通常の人に比べて、味覚が鈍くなると言われている。

3. ~に欠かせない　【接続】名詞＋に欠かせない

【意味】~になくてはならない

· 太陽と水は作物の成長に欠かせない。
· 味噌汁は日本人の生活に欠かせない食べ物だ。
· 携帯電話が現代に欠かせないものであることは否定できない。

새로 나온 단어

比較する 비교하다　味噌汁 일본식 된장국　否定できない 부정할 수 없다

연습문제

1. 次(つぎ)の漢字(かんじ)の読(よ)み方(かた)として正(ただ)しいものを一(ひと)つ選(えら)びなさい。

＜数値化＞	1. しゅうちか	2. しょうちか	3. すうちか	4. すちか
＜唯一＞	1. ゆいいち	2. ゆいいつ	3. ゆいつ	4. ゆういつ
＜戦略＞	1. せんらく	2. せんりゃく	3. せんりょく	4. せんろく
＜日常的＞	1. にじょうてき	2. にちじょうてき	3. につじょうてき	4. ひじょうてき
＜大半＞	1. たいはん	2. たいばん	3. だいはん	4. だいばん
＜収益源＞	1. しゅうえきけん	2. しゅうえきげん	3. しゅえきけん	4. しゅえきげん

2. 次(つぎ)の言葉(ことば)とその意味(いみ)の組(く)み合(あ)わせとして正(ただ)しいものを線(せん)で結(むす)びなさい。

① 貢献(こうけん)する ▪	▪ 心身(しんしん)をゆったりと休(やす)める。
② 伸長(しんちょう)する ▪	▪ ある物事(ものごと)や社会(しゃかい)のために尽力(じんりょく)すること。
③ くつろぐ ▪	▪ 全体(ぜんたい)の中(なか)である割合(わりあい)をもつ。
④ 意気込(いきご)む ▪	▪ 長(なが)さや力(ちから)などが伸(の)びること。
⑤ 占(し)める ▪	▪ 進(すす)んでしようとして、はりきる。

3. 次の①~③から適当な言葉を選び、必要なら形を変えて空欄に書きなさい。

① 占める　② 貢献する　③ くつろぐ

1) その事業は経済の発展に大きく(　　　　　　　　　　)ている。

2) まるで自分の家にいるかのように(　　　　　　　　　　)ことができた。

3) 窒素は大気の大部分を(　　　　　　　　　　)ている。

새로 나온 단어

尽力する 진력하다　　割合 비율　　はりきる 힘내다, 분발하다　　窒素 질소

알아보기

1. 한국에 진출해 있는 유니클로의 성공 원인이 무엇인지 알아보자.

2. 무인양품에 대해 자세히 알아보자.

조별 발표

① 발표자 이름

② 발표 테마

③ 발표 내용 정리

④ 발표를 들은 소감

MEMO

제8과 드론 물류

본문 1

長野県伊那市は17日、KDDIと次世代通信規格「5G」やドローンの活用について協定を結んだ。物流や農業、林業などの地域課題に5Gとドローンを使って解決を図る。今後実証実験を実施し、2021年度に現場での実用化を目指す。

5Gは20年に商用化を控え、現在主流の4Gと比べて大量のデータを通信できる。同市は18年にKDDIとドローンの物流システム構築で協定を締結しているが、5Gでさらなるドローンの活用や新事業の創出を図る。

同日、KDDIは同市に対し、5Gで想定する事業を説明した。災害時にはドローンで撮影した動画を高画質のまま送信し、被害状況を把握する。また、観光地の景色をAR(拡張現実)やVR(仮想現実)を使って遠隔地から見られるようにする。調印式に出席した同市の白鳥孝市長は「無限の可能性が広がる」と期待を語った。

今後、同市が実験場所を提供し、KDDIが地域課題の解決に向けた提案をする。KDDIが地方自治体とドローン·5Gを組み合わせた協定を結ぶのは初めて。

『日本経済新聞』2019년 1월 17일

독해 문제

본문을 읽고 다음 질문에 답하세요.

1. 長野県伊那市とKDDIが結んだ協定の内容について簡単に説明しなさい。

2. 5Gの長所について説明しなさい。

3. KDDIが提案した5Gやドローンを活用した事業内容のうち、特に災害時の活用方案について説明しなさい。

새로 나온 단어

通信 통신	規格 규격	協定 협정
林業 임업	図る 꾀하다, 도모하다	実施する 실시하다
商用化 상용화	控える 대기하다, 기다리다	締結する 체결하다
さらなる 더 한층의	創出 창출	被害 피해
遠隔地 원격지, 멀리 떨어진 곳		調印式 조인식
無限 무한	提供する 제공하다	提案 제안
地方自治体 지방자치단체		

본문 2

楽天は25日、東京電力ホールディングス(HD)やゼンリンと協力してドローン(小型無人機)を使う配送の実証実験を埼玉県秩父市で公開した。人の目が届かない山あいの地域を含む約3キロメートルを約10分間、ドローンが自動で飛行した。(中略)

実験は山間部のバーベキュー場に来た消費者から虫よけスプレーやウエットティッシュなどの注文が入ったと想定。楽天のマークが入ったピンクの箱を下げた約1.2メートルのドローンが飛び立ち、東電HDが管轄する送電線に向かって行った。

受け取り地点までの細かい操縦は不要で、操縦者が専用端末にタッチすればドローンが飛行する仕組み。端末の画面では飛行ルートや風速などの情報を得られる。楽天によれば、人の目が届かない範囲にドローンが飛ぶ「目視外飛行」の国内での実証実験は日本郵便に続いて2例目という。(中略)

ドローンによる配送が進めば、周りにスーパーなどがなく買い物に困る消費者や緊急時の物流インフラとして活用できると楽天はみている。今後は都市部などを含めた本格的な商用化への議論も進みそうだ。

『日本経済新聞』2019년 1월 25일

독해 문제

본문을 읽고 다음 질문에 답하세요.

1. 今回の実験は何を想定して行われましたか。

2. ドローンが飛行する仕組みについて説明しなさい。

3. ドローンによる配送が進めば、今後何が期待できそうですか。

새로 나온 단어

小型無人機 소형 무인기	配送 배송	届く 닿다
山あい 산간, 산골짜기	山間部 산간부	
虫よけスプレー 벌레 퇴치 스프레이		ウエットティッシュ 물티슈
想定 상정	下げる 매달다	飛び立つ 날아오르다
管轄する 관할하다	送電線 송전선	細かい 세밀하다
操縦 조종	仕組み 구조	
目視外飛行 가시권외 비행	インフラ 인프라	議論 논의

문형 & 표현

1. ~について　【接続】名詞＋について

　　　　　　　【意味】~に関して

· ポイント制度についてもう少し詳しく教えてもらえませんか。

· 返品交換についてはこちらの窓口をご利用ください。

· このホームページには薬の効果についての報告が掲載されている。

2. ~を図る　【接続】名詞＋を図る

　　　　　　【意味】計画を立てて実現を目指す。

· カウンセリングに参加することで自信の回復を図る。

· いじめの原因を探ることにより早期の解決を図った。

· 介護職のイメージアップを図るために普及啓発を行う。

3. ~によれば　【接続】名詞＋によれば

　　　　　　　【意味】根拠· 基準· 理由を表す。（＝によると）

· 医者の診断によれば、妹 は貧血だそうだ。

· ニュースによれば、東京で地震があったらしい。

· 最近の統計によれば、1月は消費が落ち込むという。

새로 나온 단어

介護職(かいごしょく) 요양보호사	返品交換(へんぴんこうかん) 반품교환	普及啓発(ふきゅうけいはつ) 보급 계몽
落ち込む(おちこむ) 위축되다		

연습문제

1. 次の漢字の読み方として正しいものを一つ選びなさい。

＜協定＞	1. きょうてい	2. きょてい	3. ぎょうてい	4. ぎょてい
＜被害＞	1. ひかい	2. ひがい	3. ぴかい	4. ぴがい
＜無限＞	1. むうけん	2. むうげん	3. むけん	4. むげん
＜操縦＞	1. そうじゅ	2. そうじゅう	3. そじゅ	4. そじゅう
＜地点＞	1. じてん	2. じでん	3. ちてん	4. ちでん
＜商用化＞	1. しょうようか	2. しょうよか	3. しょようか	4. しょよか

2. 次の言葉とその意味の組み合わせとして正しいものを線で結びなさい。

① 控える ▪	▪ 権限をもって支配すること。
② 締結 ▪	▪ 条約·協定·契約などを結ぶこと。
③ 届く ▪	▪ ある条件や状況を仮に設定すること。
④ 想定 ▪	▪ 空間的·時間的に迫っている。
⑤ 管轄 ▪	▪ 注意などが十分に行きわたる。

3. 次の①~③から適当な言葉を選び、必要なら形を変えて空欄に書きなさい。

① 管轄　② 控える　③ 想定する

1) 明日は火災を(　　　　　)て避難訓練をする。

2) 試験を目の前に(　　　　　)て学生はみな忙しそうだ。

3) その事件は地域的にこの警察署の (　　　　　)外だ。

새로 나온 단어

迫っている 다가오다　行きわたる 골고루 미치다　避難訓練 피난훈련

알아보기

1. 한국과 일본의 5G 현황에 대해 자세히 알아보자.

2. 드론을 이용한 배송물류에 대해 자세히 알아보자.

조별 발표

① 발표자 이름

② 발표 테마

③ 발표 내용 정리

④ 발표를 들은 소감

MEMO

제9과 크루즈 관광

본문 1

沖縄県宮古島市は17日、2018年度の入域観光客数が前年度比15.6%増加し、114万3031人と過去最多となったと発表した。年度単位で初めて100万人を超え、5年連続で過去最多を更新した。クルーズ船の大型化で1隻当たりの客数が前年度比1.2倍の2968人と伸びたことが貢献。下地島空港で新規路線の就航やクルーズ船の寄港増加も見込んでおり、市は「なるべく早く受け入れ態勢を整えたい」と話している。

18年度のクルーズ船の客数は前年度比24.7%増の45万4157人。海外からの寄港が本格化した15年度から4年連続の更新となった。寄港回数は前年度比4%増の153回だった。

空路は前年度比10.3%増の68万8874人。全日空(ANA)が名古屋－宮古線を通年運航したことなども増加要因となった。

市は観光振興基本計画で21年度の入域観光客数を120万人に設定していたが、予想を超えるペースで客数が伸びたことから計画を見直し、今年3月に新たに「第2次計画」を策定。28年度観光客数の目標を200万人と設定している。

『沖縄タイムズ』2019년 4월 20일

독해 문제

본문을 읽고 다음 질문에 답하세요.

1. 沖縄県宮古島市の入域観光客数が過去最多を更新した理由について説明しなさい。

2. 海外からの寄港回数は前年度に比べ何パーセント増えましたか。

3. 宮古島市は28年度観光客数の目標を何人と設定していますか。

새로 나온 단어

入域 유입, 방문	~隻 ~척	就航 취항
寄港 기항	見込む 내다보다, 기대하다	
受け入れ 받아들임, 수용	整える 갖추다	通年 연간
運航する 운항하다	振興 진흥	見直す 재검토하다
策定 책정		

본문 2

国土交通省は1日、クルーズ船誘致に向け民間投資も活用した港湾の整備を進める「官民連携による国際クルーズ拠点」となる港湾に那覇港を選定したと発表した。今後、国交省の指定を受けて、那覇港管理組合と船社のMSCクルーズ(スイス·MSC)、ロイヤル·カリビアン·クルーズ(米国·RCL)は、那覇港新港埠頭の北西側に第2バース12、13号岸壁の整備を進め2022年の運用開始を目指す。実現すれば、県が推進するクルーズ観光振興政策の「東洋のカリブ構想」の実現に向け追い風となりそうだ。

那覇港管理組合らが国交省に提案した計画では、22万トン級の大型クルーズ船が接岸できる岸壁などを国と同組合で整備し、船社側がCIQ(税関、出入国管理、検疫)施設や商業施設などが入る旅客ターミナルビルを整備する。船社側は整備費用を負担する代わりに先行予約などで、岸壁を優先的に利用することができる。同計画では22年の運用開始年には108回、30年には205回の寄港回数を目指している。

国交省は選定理由として、「フライ&クルーズや南西諸島周遊クルーズなどを通して今後の寄港増加が見込めること」や、「県が策定した『東洋のカリブ構想』の実現に中核的な港湾として期待が持てる」ことなどを挙げた。

『沖縄タイムズ』2019년 3월 5일

독해 문제

본문을 읽고 다음 질문에 답하세요.

1. 沖縄県が推進するクルーズ観光振興政策は何を目指していますか。

2. 那覇港管理組合らが国交省に提案した計画によれば、30年に何回の寄港回数を目指していますか。

3. 国交省が「官民連携による国際クルーズ拠点」となる港湾に那覇港を選定した理由は何ですか。

새로 나온 단어

国土交通省 국토교통성	誘致 유치	投資 투자
港湾 항만	整備 정비	官民 관민
連携 제휴	選定する 선정하다	組合 조합
船社 선사	埠頭 부두	バース 정박지
岸壁 안벽, 부두	追い風 순풍	接岸 접안, 해안에 닿음
税関 세관	検疫 검역	先行 선행
諸島 제도	周遊 주유, 유람	中核的 핵심적, 중심적

문형 & 표현

1. ~を超える　【接続】名詞＋を超える

　　　　　　　【意味】ある基準·数量を超過する。

· 投票の結果、賛成が過半数を超えた。

· その政治家の別荘は、想像を超える広さを持っている。

· 彼はついに世界のトップを超える記録をたたき出した。

2. ~を受けて　【接続】名詞＋受けて

　　　　　　　【意味】自分に向けられた行為·働きかけに対処して応じる。

· 多発する事故を受けて対策を講じる会議が開かれる。

· イギリス政府の依頼を受けて検察庁が動き出した。

· 被害者からの相談を受けて、本格的な調査が始まった。

3. ~を通して　【接続】名詞＋通して

　　　　　　　【意味】~を手段として

· 彼女とは共通の友人を通して知り合った。

· この問題については、具体的な事例を通して考えていきたい。

· ネットを通して伝わる情報は、全情報のほんの一部にすぎない。

새로 나온 단어

ついに 마침내　　働きかけ 작용　　ほんの一部にすぎない 미미한 일부에 지나지 않는다

연습문제

1. 次の漢字の読み方として正しいものを一つ選びなさい。

＜就航＞	1. しゅうこう	2. しゅうご	3. しゅこう	4. しゅごう
＜振興＞	1. しんこ	2. しんこう	3. しんご	4. しんごう
＜策定＞	1. さくじょ	2. さくじょう	3. さくてい	4. さくでい
＜港湾＞	1. こうわん	2. こわん	3. ごうわん	4. ごはん
＜組合＞	1. くあい	2. ぐあい	3. くみあい	4. ぐみあい
＜接岸＞	1. せつかん	2. せつがん	3. せっかん	4. せっがん

2. 次の言葉とその意味の組み合わせとして正しいものを線で結びなさい。

① 見込む ▪	▪ 各地を旅行してまわること。
② 見直す ▪	▪ 政策や計画をいろいろ考えて決めること。
③ 策定 ▪	▪ 有利な状況。後押しとなる出来事。
④ 追い風 ▪	▪ もう一度改めて見る。
⑤ 周遊 ▪	▪ 予想して勘定に入れる。

3. 次の①~③から適当な言葉を選び、必要なら形を変えて空欄に書きなさい。

① 見直す　② 見込む　③ 追い風

1) 父は値上がりを(　　　　　　　　　　)で商品を大量に仕入れた。

2) これをきっかけに、仕事の進め方を (　　　　　　　　　　)たほうがいい。

3) この判決は地域復興や観光推進の(　　　　　　　　　　)となるだろう。

새로 나온 단어

後押し 후원　勘定 계산　仕入れる 사들이다
値上がり 값이 오름

알아보기

1. 우리나라의 크루즈관광의 현황에 대해 자세히 알아보자.

2. 일본의 크루즈관광의 현황에 대해 자세히 알아보자.

조별 발표

① 발표자 이름

② 발표 테마

③ 발표 내용 정리

④ 발표를 들은 소감

MEMO

제10과 무현금 사회·모바일 페이의 세계

본문 1

楽天ペイメントとＪＲ東日本は5日、スマートフォン決済アプリ「楽天ペイ」で、「Suika(スイカ)」の発行やチャージが可能になると発表した。来春から始める。スマホ決済では「PayPay(ペイペイ)」や「LINE Pay(ペイ)」などとの競争が激しい。楽天は交通系の決済に強いスイカと連携し、利用拡大を図る。

楽天ペイは、スマホ画面に表示するQRコードなどでの支払いや、送金ができる。決済はクレジットカードで行う。ポイントでの支払いもできる。

新たにスイカと連携することで、楽天ペイアプリ内で新たにスイカを発行し、チャージができる。おサイフケータイ対応のアンドロイド端末で使える。iPhoneへの対応は検討中。

スイカで電車に乗る時や、買い物をする時などは、楽天ペイアプリを立ち上げなくてもスマホをかざせば使える。

なお、すでにあるスイカへのチャージも、楽天ペイアプリを通じて可能だ。ただし楽天カードへの加入が必要。チャージで楽天スーパーポイントもたまる。

『朝日新聞デジタル』2019년 6월 5일

독해 문제

본문을 읽고 다음 질문에 답하세요.

1. 「楽天ペイ」は「スイカ」と連携することで何ができますか。

2. スマホ決済で「楽天ペイ」の競争相手になっているのは何ですか。

3. すでにあるスイカへのチャージのためには何が必要ですか。

새로 나온 단어

チャージ 충전	来春 내년 봄	連携する 연계하다
クレジットカード 신용카드	おサイフケータイ 일본 NTT Docomo의 등록상표	
立ち上げる 작동시키다	かざす 비추다	なお 또한, 더구나
すでに 이미	ただし 단, 다만	たまる 모이다, 쌓이다

본문 2

渋沢栄一は1万円札の最後の顔になるかもしれない……。2024年のお札のデザイン一新を巡り、金融関係者の間にはそんな声がある。100兆円近くが流通し、紙幣の王様の1万円札。その未来を左右するのは、キャッシュレス化と世界的な高額紙幣廃止の動きだ。

6日までの10連休中、キャッシュレス推進の旗を振る経済産業省や、クレジットカード会社や電子マネー事業者が「キャッシュレス·ウィーク」を展開している。ポイント還元を普段より増やすなど、便利でお得な買い物を訴えるねらいだ。

JR東日本のSUICA(スイカ)の発行は7千万枚超。ナナコやワオンなど流通系電子マネーは小売店での利用が広がる。ネット通販では高額決済もできるクレジットカードが便利。加えて、スマートフォンで手軽に買い物できるQRコード決済対応の店も増えた。「現金なし」の動きが加速する。

最終消費のうち、現金を使わない決済比率は2017年に約2割。政府目標は25年に4割以上だ。キャッシュレスは便利なだけでなく、お金の使われ方をデータとして生かす新たな商機も生む。

『朝日新聞デジタル』2019년 5월 3일

독해 문제

본문을 읽고 다음 질문에 답하세요.

1. お札のデザインが変わるのはいつですか。

2. 流通系電子マネーの例を挙げなさい。

3. 最終消費のうち、現金を使わない決済比率の動向について説明しなさい。

새로 나온 단어

一新 일신, 새롭게 바꿈	巡る 둘러싸다	流通する 유통하다
紙幣 지폐	王様 임금님	キャッシュレス 무현금 거래
高額 고액	廃止 폐지	旗を振る 선두에 서서 지휘하다
電子マネー 전자화폐	ポイント還元 캐쉬백	普段 평상시
訴える 호소하다	ねらい 목적, 노림수	~超 ~초과
小売店 소매점	ネット通販 인터넷 통신 판매	
加えて 게다가	手軽に 손쉽게	加速する 가속화하다
比率 비율	生かす 살리다	

문형 & 표현

1. ~なくても　【接続】動詞（ない形）＋なくても

【意味】~する必要がない状態で

· この時間ならタクシーに乗らなくても間に合うだろう。

· そんなに大きい声で言わなくてもちゃんと聞こえてるよ。

· 彼女は、働かなくても暮らせるぐらいの資産を持っている。

2. ~ねらい　【接続】名詞＋のねらい、動詞（基本形）＋ねらい

【意味】~する意図

· 明らかにそれが彼のねらいだった。

· 両国の親善がこの会合のねらいだ。

· 広告を出すのは、人々の関心を高めるねらいだ。

3. ~だけでなく【接続】名詞、い形容詞、動詞（普通形）＋だけでなく、

な形容詞（~な）＋だけでなく

【意味】~以外にも範囲はもっと広い。

· このゲームは子供だけでなく、大人も楽しめる。

· 私はサッカーをするだけでなく、見るのも好きだ。

· その猫はかわいいだけでなく、とても頭がいい。

새로 나온 단어

暮らせる 살아갈 수 있다　　会合 모임, 집회　　頭がいい 영리하다

연습문제

1. 次の漢字の読み方として正しいものを一つ選びなさい。

＜競争＞	1. きょうそ	2. きょうそう	3. きょそう	4. ぎょうそう
＜画面＞	1. かまん	2. かめん	3. がまん	4. がめん
＜対応＞	1. たいお	2. たいおう	3. だいお	4. だいおう
＜最後＞	1. さいこ	2. さいこう	3. さいご	4. さいごう
＜普段＞	1. ふうたん	2. ふうだん	3. ふたん	4. ふだん
＜商機＞	1. しょうき	2. しょうぎ	3. しょき	4. しょぎ

2. 次の言葉とその意味の組み合わせとして正しいものを線で結びなさい。

① 連携する ▪	▪ コンピューターでプログラムを起動させる。
② 立ち上げる ▪	▪ 互いに連絡をとり協力して物事を行う。
③ たまる ▪	▪ もとの形・性質・状態などに戻す。
④ 小売 ▪	▪ 少しずつ集まって多くなる。
⑤ 還元 ▪	▪ 消費者に対して、直接商品を販売する。

3. 次の①~③から適当な言葉を選び、必要なら形を変えて空欄に書きなさい。

① 還元する　② たまる　③ 連携する

1) 政府は、米国と(　　　　　　　　　)ながら情報収集を進めている。

2) ストレスが(　　　　　　　　　)たらカラオケに行くことにしている。

3) この団体は、利益の一部を社会に (　　　　　　　　　)ている。

새로 나온 단어

物事を行う 일을 행하다　戻す 되돌리다　情報収集 정보수집

알아보기

1. 라쿠텐이 모바일페이에 힘을 쏟는 이유는 무엇인지 알아보자.

2. 무현금화로 인해 발생하는 문제점에 대해서 알아보자.

조별 발표

① 발표자 이름

② 발표 테마

③ 발표 내용 정리

④ 발표를 들은 소감

MEMO

제11과 드럭스토어 · 할인잡화점

본문 1

ドラッグストア大手の再編は、業界首位を目指して2社が1社を取り合う争奪戦になってきた。すでに統合協議をしていたスギホールディングス(HD)とココカラファインに対し、マツモトキヨシHDが5日、ココカラに統合提案して割って入ったのだ。ココカラはスギとマツキヨのどちらを選ぶのか。協議の行方はまだ見通せない。

マツキヨは利益率の高い自主開発商品(プライベートブランド=PB)に力を入れており、4月に発表したココカラとの資本・業務提携の協議でPBの売り場拡大を目指した。商品の共同調達で、仕入れ費を抑えることも狙っていた。

マツキヨはこれまで、提携から一歩進んだ形の経営統合には慎重だった。5月の決算会見で松本清雄社長は「経営統合すると人件費などが上がり、負荷にもなる」と指摘していた。

だが、そうこうしている間に今月1日、ココカラとスギが統合協議をしていることが明らかになった。これがマツキヨも統合提案するきっかけになったようだ。マツキヨ幹部はスギも含めた「3社連合」については「まったく想定していない。あくまでもココカラと誠意をもって話し合う」という。

『朝日新聞デジタル』2019년 6월 6일

독해 문제

본문을 읽고 다음 질문에 답하세요.

1. ドラッグストア業界の中で先に統合協議をしていた企業名を挙げなさい。

2. ドラッグストア業界の中で今回新たに統合提案をしてきたのはどこですか。

3. マツキヨの主力商品は何ですか。

새로 나온 단어

ドラッグストア 드럭 스토어	再編 재편	取り合う 서로 다투어 빼앗다, 쟁탈하다
争奪戦 쟁탈전	協議 협의	提案 제안
割る 비집다, 끼어들다	行方 행방	見通す 내다보다
利益率 이익률	プライベートブランド 자체기획상표	
資本 자본	提携 제휴	調達 조달
仕入れ 구입, 구매	抑える 억누르다, 억제하다	
慎重だ 신중하다	決算 결산	負荷 부하
幹部 간부	連合 연합	まったく 전혀
想定する 상정하다	あくまでも 어디까지나	
誠意 성의		

본문 2

ディスカウント店「ドン·キホーテ」を運営するパン·パシフィック·インターナショナルホールディングスは、2021年6月期にも免税売上高を1000億円にする方針だ。今期見通しの700億円から4割増える。大阪市内などの観光地で複数店を展開するほか、交流サイト(SNS)などを通じた販促活動で顧客を 呼び込む。(中略)

同社はほぼ全ての店で海外旅行者に対して免税にできる機能があり、免税売上高は18年度見通しでみると、三越伊勢丹ホールディングス(760億円)、マツモトキヨシホールディングス(715億円)に次ぐ水準にある。今期の伸び率でみれば両社が1割増に対し、ドンキは2割増で推移しており、数年内にドンキが国内小売業で首位をうかがう可能性もある。

ドンキは複雑な店内レイアウトや豊富な品ぞろえ、深夜営業などで訪日客の人気を集める。今期中に 大阪市のなんば周辺に4店目を出店するなど、観光地での複数 出 店を今後も強める。多言語で開設しているSNSも発信回数を増やすなどして中身の充実を図る。

『日本経済新聞』2019년 3월 20일

독해 문제

본문을 읽고 다음 질문에 답하세요.

1. ドンキは免税売上高を上げるためにどんな戦略を立てましたか。

2. ドンキの免税売上高は18年度見通しでみると、何位にランクインされましたか。

3. ドンキが訪日客から人気を集めるようになった要因は何ですか。

새로 나온 단어

ディスカウント店 할인점	~にも ~에나, ~라도	免税 면세
売上高 매출액	呼び込む 불러들이다, 끌어들이다	
ほぼ 거의, 대부분	全て 전부, 모두	機能 기능
今期 이번 시기	伸び率 신장율	うかがう 엿보다; 노리다
レイアウト 배치	豊富だ 풍부하다	品ぞろえ 상품 구비
深夜 심야	強める 강화하다	多言語 다언어
開設する 개설하다	中身 내용	充実 충실

문형 & 표현

1. ~に割って入る　【接続】名詞＋に割って入る
【意味】人や物の間に入り込む。

· けんかを止めようとして、彼は二人の間に割って入った。
· フルートの音色は、軽いリズムの雰囲気に割って入った。
· 何でもすぐ人の話に割って入ろうとする人は嫌われる。

2. ~にも　【接続】名詞＋にも
【意味】早ければ~に

· 話題となったこの法案は明日にも成立する。
· 新しい治療薬が来年にも発売される予定だ。
· NASAが、民間人の宇宙ステーション滞在を来年にも認めると発表した。

3. ~に次ぐ　【接続】名詞＋に次ぐ
【意味】すぐそのあとに続く。

· この鳥はダチョウに次ぐ大きさで、オーストラリアに生息する。
· 大リーグ界で、イチローに次ぐ実力の持ち主と言えば誰か。
· 台風二つが似たような軌道で近づいている。台風に次ぐ台風だ。

새로 나온 단어

入り込む (억지로)들어가다　生息する 소식하다　持ち主 소유자

연습문제

1. 次の漢字の読み方として正しいものを一つ選びなさい。

＜首位＞	1. しゅい	2. しゅうい	3. じゅい	4. じゅうい
＜争奪＞	1. そうたつ	2. そうだつ	3. そたつ	4. そだつ
＜行方＞	1. いきえ	2. ゆきかた	3. ゆきがた	4. ゆくえ
＜交流＞	1. こうりゅ	2. こうりゅう	3. こりゅ	4. ごうりゅう
＜顧客＞	1. こうきゃく	2. こきゃく	3. こぎゃく	4. ごきゃく
＜豊富＞	1. ほうふ	2. ほうふう	3. ほふ	4. ほふう

2. 次の言葉とその意味の組み合わせとして正しいものを線で結びなさい。

① 取り合う ▪	▪ 勢いを増すようにする。
② 見通す ▪	▪ 商品を用意すること。
③ 強める ▪	▪ 好機が訪れるのを待ち受ける。
④ うかがう ▪	▪ 一つのものを取ろうとして争う。
⑤ 品ぞろえ ▪	▪ 物事のなりゆきや、将来を予測する。

3. 次の①~③から適当な言葉を選び、必要なら形を変えて空欄に書きなさい。

① 見通す　② 品ぞろえ　③ 強める

1) この本の著者は国際情勢を的確に(　　　　　　　　　　)ている。

2) これは弱った内臓の働きを(　　　　　　　　　　)薬だ。

3) 安くて (　　　　　　　　　　)の豊富なお店を紹介してください。

새로 나온 단어

なりゆき 일의 경과　　的確に 적확하게　　含んでいる 포함하고 있다

알아보기

1. 일본의 드럭 스토어에 대해 자세히 알아보자.

2. 돈키호테에서 판매하는 히트 상품 중 하나를 골라 자세히 알아보자.

조별 발표

① 발표자 이름

② 발표 테마

③ 발표 내용 정리

④ 발표를 들은 소감

MEMO

제12과 면세점·얼굴인식시스템

본문 1

中国で春節(旧正月)に伴う大型連休が始まった4日、日本国内の小売企業の店舗は多くの中国人旅行客でにぎわった。免税店運営のラオックスは連休に合わせてイベントを展開し集客につなげる。「爆買い」が一服するなど春節における消費の傾向が変わるなか、企業は訪日客取り込みに知恵を絞る。

ラオックス秋葉原本店(東京·千代田)には4日、開店時間の午前9時から30分で30~40人の中国人旅行客4団体が訪れた。広東省から来た男性(23)は「炊飯器やオモチャ、化粧品を買いたい。大阪に行く予定なので、観光も楽しみ」と話した。ラオックスは13日まで「超絶限定祭」と題したイベントを実施している。中国人旅行客に人気の電気シェーバーや目薬などを値引き販売したり、独自商品を販売したりする。同社は「購買意欲が高まる時期。リピーターも多いので、品ぞろえを広げて魅力ある売り場作りに努める」とする。

訪日客増加をにらみ、コンビニエンスストアでは決済手段を広げる動きが広がる。ファミリーマートは1月末、中国系のスマートフォン(スマホ)決済を導入。(中略)ミニストップも1月下旬に成田空港にある店舗でアリペイとウィーチャットペイを導入した。

『日本経済新聞』2019년 2월 4일

독해 문제

본문을 읽고 다음 질문에 답하세요.

1. 最近の「爆買い」の傾向について説明しなさい。

2. 中国人旅行客に人気のある商品を挙げなさい。

3. ミニストップは1月下旬に成田空港にある店舗に何を導入しましたか。

새로 나온 단어

連休 연휴
集客 손님 몰이
一服する 잠깐 쉬다
炊飯器 밥솥
限定 한정
値引き販売 할인판매
リピーター (여행) 단골
にらむ (어림)짐작하다, 예상하다
にぎわう 붐비다, 북적이다
つなげる 연결하다
取り込み 유치
オモチャ 장난감
~と題した ~라는 제목의
独自 독자
魅力 매력
免税店 면세점
爆買い 싹쓸이 쇼핑
絞る 짜내다
超絶 월등히 뛰어남
電気シェーバー 전기 면도기
購買意欲 구매의욕

본문 2

NECは5月31日、成田国際空港が2020年春に運用開始予定の顔認証を応用した搭乗手続きシステム「OneID」のデモ機を披露した。国際線の旅客が搭乗手続きのチェックイン時に顔の情報を登録すると、その後の保安検査などの手続きに搭乗券やパスポートを提示することなく「顔パス」で済む様子を披露した。利便性の高さをアピールした。

システムは、チェックイン端末のカメラで搭乗客の顔を撮影し、パスポートの顔写真のデータと照合して本人かどうかを確認する。確認がとれると、その情報を登録する。その後は「手荷物を預ける」「保安検査を受ける」「搭乗ゲートを通過する」といった手続きで、パスポートなどを提示せずに済むようになる。(中略)

顔パスの利便性は搭乗手続き以外にも広がる。免税店を想定したスペースでは、顔認証の仕組みで財布を持たずに商品を購入できる様子を実演した。

デモに出席した成田国際空港の浜田達也常務は「顔認証によって安全性を損なうことなく搭乗手続きの所要時間を短縮し、利便性を高めたい」と話した。20年春の運用開始時は、日本航空と全日本空輸の国際線がOneIDに対応する予定だ。運用状況を見極めながら全体に適用する計画という。

『日本経済新聞』2019년 5월 31일

독해 문제

본문을 읽고 다음 질문에 답하세요.

1. 顔認証(かおにんしょう)を応用(おうよう)した搭乗手続き(とうじょうてつづき)システム「OneID」の仕組み(しくみ)について説明(せつめい)しなさい。

2. 搭乗手続き(とうじょうてつづき)以外(いがい)の顔(かお)パスの利便性(りべんせい)について説明(せつめい)しなさい。

3. 20年春(ねんはる)の運用開始時(うんようかいしじ)にOneIDに対応(たいおう)する予定(よてい)の航空会社(こうくうがいしゃ)を挙(あ)げなさい。

새로 나온 단어

運用(うんよう) 운용	顔認証(かおにんしょう) 얼굴 인식	応用(おうよう)する 응용하다
搭乗(とうじょう) 탑승	披露(ひろう)する 공개하다	保安検査(ほあんけんさ) 보안 검사
済(す)む 끝나다, 되다	利便性(りべんせい) 편리성, 편의성	照合(しょうごう)する 대조하여 확인하다
手荷物(てにもつ) 수하물	通過(つうか)する 통과하다	仕組(しく)み 구조, 시스템
実演(じつえん)する 실연하다	損(そこ)なう 잃다, 해치다	所要時間(しょようじかん) 소요시간
短縮(たんしゅく)する 단축하다	見極(みきわ)める 충분히 확인하다, 가리다	
適用(てきよう)する 적용하다		

문형 & 표현

1. ~に伴う　【接続】名詞·動詞（基本形）＋に伴う

　【意味】~と一緒に

· 献血に伴う副作用に注意しましょう。

· 少子化に伴う家族のライフスタイルの変化を調査する。

· 科学技術の進歩に伴って生活が簡略化してきた。

2. ~における　【接続】名詞＋における

　【意味】ものごとが行われる場所、場面、状況を表す。

· 車内における携帯電話のご利用はご遠慮ください。

· 小学校における英語教育の問題点を考える。

· 海外における日本食レストランは広がる一方だ。

3. ~ことなく　【接続】動詞（基本形）＋ことなく

　【意味】~しないで

· 今日は外に出ることなく、一日中家にいた。

· 最後まであきらめることなく、がんばります。

· 今年の夏は涼しいので、クーラーをつけることなく過ごせそうだ。

새로 나온 단어

ご遠慮ください 삼가해 주세요　あきらめる 포기하다　涼しい 선선하다

연습문제

1. 次の漢字の読み方として正しいものを一つ選びなさい。

＜小売＞	1. こうり	2. こばい	3. しょううり	4. しょうばい
＜増加＞	1. そうか	2. そか	3. ぞうか	4. ぞか
＜導入＞	1. とうにゅ	2. とうにゅう	3. どうにゅ	4. どうにゅう
＜披露＞	1. ひろ	2. ひろう	3. ぴろ	4. ぴろう
＜搭乗券＞	1. とうじょうけん	2. とうじょけん	3. とじょうけん	4. どじょうけん
＜短縮＞	1. たんしゅく	2. たんじゅく	3. だんしゅく	4. だんじゅく

2. 次の言葉とその意味の組み合わせとして正しいものを線で結びなさい。

① 値引き	▪	▪ 広く人に知らせること。
② 購買意欲	▪	▪ 十分に確認すること。
③ 披露する	▪	▪ 消費者が何かを買おうとする気持ち。
④ 手荷物	▪	▪ 旅客が自分で持ち運ぶ荷物。
⑤ 見極める	▪	▪ 定価よりも安くすること。

3. 次の①~③から適当な言葉を選び、必要なら形を変えて空欄に書きなさい。

① 値引き　② 披露する　③見極める

1) 現金払いのお客様には一割の(　　　　　　　)をいたします。

2) 私は今度の大学祭でBTSのダンスを(　　　　　　　)つもりだ。

3) 投資をする前にその会社の将来性を (　　　　　　　)必要がある。

새로 나온 단어

持ち運ぶ 운반하다　　現金払い 현금지불　　将来性 장래성

알아보기

1. 중국의 대형연휴가 주변국가에 미치는 영향에 대해 알아보자.

2. 얼굴인식시스템이 활용되고 있는 산업분야를 알아보자.

조별 발표

① 발표자 이름

② 발표 테마

③ 발표 내용 정리

④ 발표를 들은 소감

MEMO

임태균(任苔均)

니혼대학 석사(국제관계학)
오사카대학 박사(비교문학)
현 성결대학교 동아시아물류학부 교수

이시윤(李施昀)/舊名李一淑

일본오차노미즈여자대학 석사 및 박사(비교문화학박사)
현 성결대학교 동아시아물류학부 교수

아이자와 유카(相澤由佳)

고려대학교 교육대학원 일어교육전공 석사(교육학)
고려대학교 일어일문학과 박사과정 수료
현 성결대학교 동아시아물류학부 조교수

레벨업 일본어_시사편

초판 1쇄 발행 _ 2019년 8월 23일

저 자 · 임태균 · 이시윤 · 아이자와 유카
발행인 · 정 현 걸
발 행 · 신 아 사
인 쇄 · 대명프린팅
주 소 · 서울특별시 은평구 통일로 59길 4 (2F)
전 화 · (02) 382-6411 팩스 · (02) 382-6401
홈페이지 · www.shinasa.co.kr
E-mail · shinasa@daum.net
출판등록 · 1956년 1월 5일 (제 9-52호)

ISBN 978-89-8396-350-5 (93730)

정가 12,000원